CODE-MANUEL

DU

RECRUTEMENT DE L'ARMÉE

AVIS DE L'ÉDITEUR.

Le *Code-Manuel du Recrutement de l'Armée* s'augmentera successivement des règlements d'administration publique et des instructions ministérielles sur cette matière, au fur et à mesure de leur publication officielle.

On trouvera donc toujours à la librairie Dumaine des exemplaires de ce *Code-Manuel* tenus complétement au courant de la législation.

CODE-MANUEL

DU

RECRUTEMENT DE L'ARMÉE

A L'USAGE

DES FONCTIONNAIRES CIVILS OU MILITAIRES
ET DES CHEFS DE FAMILLE

Loi du 27 Juillet 1872
(TEXTE OFFICIEL ANNOTÉ)

Règlements d'administration publique
RENDUS
EN EXÉCUTION DE CETTE LOI.

PARIS
LIBRAIRIE MILITAIRE DE J. DUMAINE
LIBRAIRE-ÉDITEUR
Rue et Passage Dauphine, 30

1872

NOTE PRÉLIMINAIRE

La loi du 27 juillet 1872 ouvre une ère nouvelle pour le Recrutement de l'Armée.

Le principe du service personnel, inscrit en tête de cette loi, élargit et consolide les assises de notre édifice militaire, en même temps qu'il introduit dans sa reconstruction des éléments qui en feront la force et l'ornement.

La législation de 1832 et de 1868 disparaît. D'après la loi de 1872, toutes les dispositions des lois et décrets antérieurs à cette loi, relatifs au Recrutement, sont et demeurent abrogés.

La nouvelle législation du Recrutement s'établit ainsi sur un terrain complétement déblayé. La loi du 27 juillet 1872 en est la base fondamentale, les règlements d'administration publique en formeront le corps, les instructions ministérielles en seront le couronnement.

Le Code-Manuel du Recrutement *comprendra l'ensemble de ces dispositions législa-*

tives et réglementaires. Il intéresse donc tous les fonctionnaires chargés de leur application; il intéresse particulièrement toutes les familles, sans exception aucune.

De même qu'en 1868, *alors que nous publiâmes le* Code-Manuel du Recrutement de l'Armée et de la Garde nationale mobile, *nous pensons faire œuvre utile en mettant à la portée de tous, dans un format commode, le texte annoté de la nouvelle législation du Recrutement.*

Les annotations se composent de la reproduction fidèle du texte de toutes les dispositions du Code civil, du Code pénal et de diverses lois, auxquelles se réfère la loi du 27 *juillet* 1872.

Le Code-Manuel du Recrutement *présente ainsi un tout bien complet, qui dispense de recourir à d'autres recueils de lois ou règlements qu'on ne peut pas toujours se procurer, même dans les grandes villes, et qui d'ailleurs nécessitent, pour être consultés, une dépense de temps et quelquefois d'argent.*

Énergiquement appliquée dans toutes ses

parties, la loi du 1er février 1868, sur la garde nationale mobile, eût pu doter la France d'un effectif militaire capable de sauvegarder son influence, son honneur et l'intégrité de son territoire. La loi du 27 juillet 1872, par d'autres moyens, se propose d'atteindre le même but, but suprême pour les cœurs vraiment français. La population tout entière est prête à se courber sous le joug tutélaire de cette loi. Dieu veuille qu'elle ne rencontre pas les écueils qui ont fait échouer la loi de 1868! Dieu veuille surtout qu'elle ranime en nous le sentiment des devoirs patriotiques et sociaux et le culte de l'honneur national!

TABLE MÉTHODIQUE

DE LA LOI

SUR LE RECRUTEMENT DE L'ARMÉE (1)

TITRE Ier.

TITRE II.

---

(1) Voir (pages 75 à 81) la Table alphabétique des matières.

TITRE III.

TITRE IV.

TITRE V.

LOI

SUR LE RECRUTEMENT DE L'ARMÉE

L'Assemblée Nationale a adopté,

Le Président de la République française promulgue la loi dont la teneur suit :

TITRE Ier.

Dispositions générales.

Article 1er.

Tout Français doit le service militaire personnel.

Art. 2.

Il n'y a dans les troupes françaises ni prime en argent ni prix quelconque d'engagement.

Art. 3.

Tout Français qui n'est pas déclaré impropre à tout service militaire peut être appelé, depuis l'âge de vingt ans jusqu'à celui de quarante ans, à faire partie de l'armée active et des réserves, selon le mode déterminé par la loi.

Art. 4.

Le remplacement est supprimé.

Les dispenses de service, dans les conditions spécifiées par la loi, ne sont pas accordées à titre de libération définitive.

Art. 5.

Les hommes présents au corps ne prennent part à aucun vote.

Art. 6.

Tout corps organisé en armes est soumis aux lois militaires, fait partie de l'armée, et relève soit du Ministre de la guerre, soit du Ministre de la marine.

Art. 7.

Nul n'est admis dans les troupes françaises s'il n'est Français.

Sont exclus du service militaire, et ne peuvent à aucun titre servir dans l'armée :

1° Les individus qui ont été condamnés à une peine afflictive ou infamante (1) ;

2° Ceux qui ayant été condamnés à une peine correctionnelle de deux ans d'emprisonnement et au-dessus, ont en outre été placés, par le jugement de condamnation, sous la surveillance de la haute police, et interdits en tout ou en partie des droits civiques, civils ou de famille (2).

---

(1) En matière criminelle, les peines sont ou afflictives et infamantes, ou seulement infamantes.

Les peines afflictives et infamantes sont, indépendamment de la mort : les travaux forcés à perpétuité, la déportation, les travaux forcés à temps, la détention, la réclusion ;

Les peines infamantes sont : le bannissement, la dégradation civique. (Code pénal, art. 6, 7 et 8.)

(2) Les droits civiques, civils et de famille sont : 1° le droit de vote et d'élection ; 2° d'éligibilité ; 3° d'être appelé ou nommé aux fonctions de juré ou autres fonctions publiques, ou aux emplois de l'administration, ou d'exercer ces fonctions ou emplois ; 4° de port d'armes ; 5° de vote et de suffrage dans les délibérations de famille ; 6° d'être tuteur, curateur, si ce n'est de ses enfants et sur l'avis seulement de la famille ; 7° d'être expert ou employé comme témoin dans les actes ; 8° de témoignage en justice, autrement que pour y faire de simples déclarations. (Code pénal, art. 42.)

TITRE II.

Des appels.

PREMIÈRE SECTION.

Du recensement et du tirage au sort.

Art. 8.

Chaque année les tableaux de recensement des jeunes gens ayant atteint l'âge de vingt ans révolus dans l'année précédente et domiciliés dans le canton, sont dressés par les maires :

1° Sur la déclaration à laquelle sont tenus les jeunes gens, leurs parents ou leurs tuteurs ;

2° D'office, d'après les registres de l'état civil et tous autres documents et renseignements.

Ces tableaux mentionnent, dans une colonne d'observations, la profession de chacun des jeunes gens inscrits.

Ces tableaux sont publiés et affichés dans chaque commune et dans les formes prescrites par les articles 63 et 64 du Code civil (1). La

---

(1) Ces articles concernent les publications de mariage.

« L'officier de l'état civil, » dit l'art. 63, « fera

dernière publication doit avoir lieu au plus tard le 15 janvier.

Un avis publié dans les mêmes formes indique le lieu et le jour où il sera procédé à l'examen desdits tableaux et à la désignation, par le sort, du numéro assigné à chaque jeune homme inscrit.

Art. 9.

Les individus nés en France de parents étrangers, et les individus nés à l'étranger de parents étrangers naturalisés Français, et mineurs au moment de la naturalisation de leurs parents, concourent, dans les cantons où ils sont domiciliés, au tirage qui suit la déclaration faite par eux

---

deux publications à huit jours d'intervalle, un jour de dimanche, devant la porte de la maison commune. Ces publications, et l'acte qui en sera dressé, énonceront les prénoms, noms, professions et domiciles des futurs époux, leur qualité de majeurs ou de mineurs, et les prénoms, noms, professions et domiciles de leurs pères et mères. Cet acte énoncera, en outre, les jours, lieux et heures où les publications auront été faites... »

L'art 64 porte : « Un extrait de l'acte de publication sera et restera affiché à la porte de la maison commune, pendant les huit jours d'intervalle de l'une à l'autre publication... »

en vertu de l'article 9 du Code civil (1) et de l'article 2 de la loi du 7 février 1851 (2).

Les individus déclarés Français en vertu de l'article 1er de la loi du 7 février 1851 (2), concourent également, dans le canton où ils sont domiciliés, au tirage qui suit l'année de leur ma-

---

(1) Art. 9 du Code civil: « Tout individu né en France d'un étranger pourra, dans l'année qui suivra l'époque de sa majorité, réclamer la qualité de Français, pourvu que dans le cas où il résiderait en France, il déclare que son intention est d'y fixer son domicile, et que dans le cas où il résiderait en pays étranger, il fasse sa soumission de fixer en France son domicile, et qu'il l'y établisse dans l'année, à compter de l'acte de soumission. »

(2) Loi du 7 février 1851 :

« Art. 1er. Est Français tout individu né en France d'un étranger qui lui-même y est né, à moins que, dans l'année qui suivra l'époque de sa majorité, telle qu'elle est fixée par la loi française, il ne réclame la qualité d'étranger par une déclaration faite, soit devant l'autorité municipale du lieu de sa résidence, soit devant les agents diplomatiques ou consulaires accrédités en France par le gouvernement étranger.

« Art. 2. L'article 9 du Code civil est applicable aux enfants de l'étranger naturalisé, quoique nés en pays étranger, s'ils étaient mineurs lors de la naturalisation.

« A l'égard des enfants nés en France ou à l'étranger qui étaient majeurs à cette même époque, l'article 9 du Code civil leur est applicable dans l'année qui suivra celle de ladite naturalisation. »

jorité, s'ils n'ont pas réclamé leur qualité d'étranger conformément à ladite loi.

Les uns et les autres ne sont assujettis qu'aux obligations de service de la classe à laquelle ils appartiennent par leur âge.

Art. 10.

Sont considérés comme légalement domiciliés dans le canton :

1° Les jeunes gens même émancipés, engagés, établis au dehors, expatriés, absents ou en état d'emprisonnement, si d'ailleurs leurs père, mère ou tuteur ont leur domicile dans une des communes du canton, ou si leur père expatrié avait son domicile dans une desdites communes ;

2° Les jeunes gens mariés dont le père, ou la mère à défaut de père, sont domiciliés dans le canton, à moins qu'ils ne justifient de leur domicile réel dans un autre canton ;

3° Les jeunes gens mariés et domiciliés dans le canton, alors même que leur père ou leur mère n'y seraient pas domiciliés ;

4° Les jeunes gens nés et résidant dans le canton, qui n'auraient ni leur père, ni leur mère, ni tuteur;

5° Les jeunes gens résidant dans le canton, qui ne seraient dans aucun des cas précédents, et qui ne justifieraient pas de leur inscription dans un autre canton.

Art. 11.

Sont, d'après la notoriété publique, considérés comme ayant l'âge requis pour le tirage, les jeunes gens qui ne peuvent produire, ou n'ont pas produit avant le tirage, un extrait des registres de l'état civil constatant un âge différent, ou qui, à défaut de registres, ne peuvent prouver ou n'ont pas prouvé leur âge conformément à l'article 46 du Code civil (1).

Art. 12.

Si, dans les tableaux de recensement ou dans les tirages des années précédentes, des jeunes gens ont été omis, ils sont inscrits sur les tableaux de recensement de la classe qui est appelée après la découverte de l'omission, à moins qu'ils n'aient trente ans accomplis à l'époque de la clôture des tableaux.

---

(1) Art. 46 du Code civil : « Lorsqu'il n'aura pas existé de registres (de l'état civil), ou qu'ils seront perdus, la preuve en sera reçue tant par titres que par témoins ; et, dans ce cas, les mariages, naissances et décès pourront être prouvés tant par les registres et papiers émanés des père et mère décédés, que par témoins. »

Après cet âge, ils sont soumis aux obligations de la classe à laquelle ils appartiennent.

Art. 13.

Dans les cantons composés de plusieurs communes, l'examen des tableaux de recensement et le tirage au sort ont lieu au chef-lieu de canton, en séance publique, devant le sous-préfet assisté des maires du canton.

Dans les communes qui forment un ou plusieurs cantons, le sous-préfet est assisté du maire et de ses adjoints.

Dans les villes divisées en plusieurs arrondissements, le préfet ou son délégué est assisté d'un officier municipal de l'arrondissement.

Le tableau est lu à haute voix. Les jeunes gens, leurs parents ou ayants cause sont entendus dans leurs observations. Le sous-préfet statue, après avoir pris l'avis des maires. Le tableau, rectifié, s'il y a lieu, et définitivement arrêté, est revêtu de leurs signatures.

Dans les cantons composés de plusieurs communes, l'ordre dans lequel elles sont appelées pour le tirage est, chaque fois, indiqué par le sort.

Art. 14.

Le sous-préfet inscrit, en tête de la liste du tirage, les noms des jeunes gens qui se trouvent dans les cas prévus par l'article 60 de la présente loi.

Les premiers numéros leur sont attribués de droit.

Ces numéros sont, en conséquence, extraits de l'urne avant l'opération du tirage.

Art. 15.

Avant de commencer l'opération du tirage, le sous-préfet compte publiquement les numéros et les dépose dans l'urne, après s'être assuré que leur nombre est égal à celui des jeunes gens appelés à y concourir ; il en fait la déclaration à haute voix.

Aussitôt, chacun des jeunes gens appelés dans l'ordre du tableau prend dans l'urne un numéro qui est immédiatement proclamé et inscrit. Les parents des absents, ou à leur défaut le maire de leur commune, tirent à leur place.

L'opération du tirage achevée est définitive.

Elle ne peut, sous aucun prétexte, être recommencée, et chacun garde le numéro qu'il a tiré ou qu'on a tiré pour lui.

Les jeunes gens qui ne se trouveraient pas pourvus de numéros seront inscrits à la suite avec des numéros supplémentaires, et tireront entre eux pour déterminer l'ordre suivant lequel ils seront inscrits.

La liste par ordre de numéros est dressée à

mesure que les numéros sont tirés de l'urne. Il y est fait mention des cas et des motifs d'exemption et de dispenses que les jeunes gens, ou leurs parents, ou les maires des communes, se proposent de faire valoir devant le conseil de révision mentionné en l'article 27.

Le sous-préfet y ajoute ses observations.

La liste du tirage est ensuite lue, arrêtée et signée de la même manière que le tableau de recensement, et annexée avec ledit tableau au procès-verbal des opérations. Elle est publiée et affichée dans chaque commune du canton.

DEUXIÈME SECTION.

Des exemptions. — Des dispenses et des sursis d'appel.

Art. 16.

Sont exemptés du service militaire, les jeunes gens que leurs infirmités rendent impropres à tout service actif ou auxiliaire dans l'armée.

Art. 17.

Sont dispensés du service d'activité en temps de paix :

1° L'aîné d'orphelins de père et de mère ;

2° Le fils unique ou l'aîné des fils, ou à défaut de fils ou de gendre, le petit-fils unique ou l'aîné des petits-fils d'une femme actuellement veuve ou d'une femme dont le mari a été légalement déclaré absent, ou d'un père aveugle ou entré dans sa soixante-dixième année;

Dans les cas prévus par les deux paragraphes précédents, le frère puîné jouira de la dispense si le frère aîné est aveugle ou atteint de toute autre infirmité incurable qui le rende impotent.

3° Le plus âgé des deux frères appelés à faire partie du même tirage, si le plus jeune est reconnu propre au service ;

4° Celui dont un frère sera dans l'armée active ;

5° Celui dont un frère sera mort en activité de service, ou aura été réformé ou admis à la retraite pour blessures reçues dans un service commandé, ou pour infirmités contractées dans les armées de terre et de mer.

La dispense accordée conformément aux paragraphes 4 et 5 ci-dessus ne sera appliquée qu'à un seul frère pour un même cas, mais elle se répétera dans la même famille autant de fois que les mêmes droits s'y reproduiront.

Le jeune homme omis, qui ne s'est pas présenté par lui ou ses ayants cause au tirage de la classe à laquelle il appartient, ne peut réclamer le bénéfice des dispenses indiquées par le présent article, si les causes de ces dispenses ne sont survenues que postérieurement à la clôture des listes.

Ces causes de dispenses doivent, pour produire leur effet, exister au jour où le conseil de révision est appelé à statuer.

Néanmoins l'appelé ou l'engagé qui, postérieurement soit à la décision du conseil de révision, soit au 1er juillet, soit à son incorporation, devient l'aîné d'orphelins de père et de mère, le fils unique ou l'aîné des fils, ou, à défaut du fils et du gendre, le petit-fils unique ou l'aîné des petits-fils d'une femme veuve, d'une femme dont le mari a été légalement déclaré absent, ou d'un père aveugle, est, sur sa demande et pour le temps qu'il a encore à servir, renvoyé dans ses foyers en disponibilité, à moins qu'en raison de sa présence sous les drapeaux, il n'ait procuré la dispense de service à un frère puîné actuellement vivant.

Le bénéfice de la disposition du paragraphe précédent s'étend au militaire devenu fils aîné ou petit-fils aîné de septuagénaire par suite du décès d'un frère.

Les dispenses énoncées au présent article ne sont applicables qu'aux enfants légitimes.

Art. 18.

Peuvent être ajournés deux années de suite à un nouvel examen, les jeunes gens qui, au moment de la réunion du conseil de révision, n'ont pas la taille d'un mètre cinquante-quatre centimètres ou sont reconnus d'une complexion trop faible pour un service armé.

Les jeunes gens ajournés à un nouvel examen du conseil de révision sont tenus, à moins d'une autorisation spéciale, de se représenter au conseil de révision du canton devant lequel ils ont comparu.

Après l'examen définitif, ils sont classés, et ceux de ces jeunes gens reconnus propres soit au service armé, soit à un service auxiliaire, sont soumis, selon la catégorie dans laquelle ils sont placés, à toutes les obligations de la classe à laquelle ils appartiennent.

Art. 19.

Les élèves de l'Ecole polytechnique et les élèves de l'Ecole forestière sont considérés comme présents sous les drapeaux dans l'armée active, pendant tout le temps par eux passé dans lesdites écoles.

Les lois d'organisation prévues par l'article 45 de la présente loi determinent, pour ceux de ces jeunes gens qui ont satisfait aux examens de sortie et ne sont pas placés dans les armées de terre ou de mer, les emplois auxquels ils peuvent être appelés, soit dans la disponibilité, soit dans la réserve de l'armée active, soit dans l'armée territoriale, ou dans les services auxiliaires.

Les élèves de l'Ecole polytechnique et de l'Ecole forestière qui ne satisfont pas aux examens de sortie de ces écoles, suivent les conditions de la classe de recrutement à laquelle ils appartiennent par leur âge; le temps passé par eux à l'Ecole polytechnique ou à l'Ecole forestière est déduit des années de service déterminées par l'article 36 de la présente loi.

Art. 20.

Sont, à titre conditionnel, dispensés du service militaire :

1° Les membres de l'instruction publique, les élèves de l'Ecole normale supérieure de Paris dont l'engagement de se vouer pendant dix ans à la carrière de l'enseignement aura été accepté par le recteur de l'académie, avant le tirage au sort, et s'ils réalisent cet engagement ;

2° Les professeurs des institutions nationales des sourds-muets et des institutions nationales des jeunes aveugles, aux mêmes conditions que les membres de l'instruction publique ;

3° Les artistes qui ont remporté les grands prix de l'Institut, à condition qu'ils passeront à l'Ecole de Rome les années réglementaires et rempliront toutes leurs obligations envers l'Etat ;

4° Les élèves pensionnaires de l'Ecole des langues orientales vivantes et les élèves de l'Ecole des chartes nommés après examen, à condition de passer dix ans tant dans lesdites écoles que dans un service public ;

5° Les membres et novices des associations religieuses vouées à l'enseignement reconnues comme établissements d'utilité publique, et les directeurs, maîtres-adjoints, élèves-maîtres des écoles fondées ou entretenues par les associations laïques, lorsqu'elles remplissent les mêmes conditions ; pourvu toutefois que les uns et les autres, avant le tirage au sort, aient pris devant le recteur de l'académie l'engagement de se consacrer pendant dix ans à l'enseignement, et s'ils réalisent cet engagement dans un des établissements de l'association religieuse ou laïque, à condition que cet établissement existe depuis plus de deux ans ou renferme trente élèves au moins ;

6° Les jeunes gens qui, sans être compris dans les paragraphes précédents, se trouvent dans les cas prévus par l'article 79 de la loi du 15 mars 1850 (1) et par l'article 18 de la loi du 10 avril

---

(1) Loi du 15 mars 1850 : « Art. 79. Les instituteurs-adjoints des écoles publiques, les jeunes gens qui se préparent à l'enseignement primaire public dans les écoles désignées à cet effet, les membres ou novices des associations religieuses vouées à l'enseignement et autorisées par la loi ou reconnues comme établissements d'utilité publique, les élèves de l'École normale supérieure, les maîtres d'étude, régents et professeurs des colléges et lycées, sont dispensés du service militaire, s'ils ont, avant l'époque fixée pour

1867 (1), et ont, avant l'époque fixée pour le tirage, contracté devant le recteur le même engagement et aux mêmes conditions;

L'engagement de se vouer pendant dix ans à l'enseignement peut être réalisé, par les instituteurs et par les instituteurs-adjoints mentionnés au présent paragraphe 6, tant dans les écoles publiques que dans les écoles libres désignées à

---

le tirage, contracté, devant le recteur, l'engagement de se vouer, pendant dix ans, à l'enseignement public, et s'ils réalisent cet engagement. »

(1) Loi du 10 avril 1867 : « Art. 18. L'engagement de se vouer pendant dix ans à l'enseignement public, prévu par l'art. 79 de la même loi [celle du 15 mars 1850], peut être réalisé, tant par les instituteurs que par leurs adjoints, dans celles des écoles mentionnées à l'article précédent [voir ci-après le texte de cet article], qui sont désignées, à cet effet, par le Ministre de l'instruction publique, après avis du conseil départemental. L'engagement décennal peut être contracté, avant le tirage, par les instituteurs-adjoints des écoles désignées ainsi qu'il vient d'être dit. Sont applicables à ces mêmes écoles les dispositions de l'art. 34 de la loi de 1850 concernant la fixation du nombre des adjoints, ainsi que le mode de leur nomination et de leur révocation. »

Voici le texte de l'art. 17 de la loi du 10 avril 1867 : « Sont soumises à l'inspection, comme les écoles publiques, les écoles libres qui tiennent lieu d'écoles publiques, aux termes du quatrième paragraphe de l'art. 36 de la loi de 1850, ou qui reçoivent une subvention de la commune, du département ou de l'Etat. »

cet effet par le Ministre de l'instruction publique, après avis du conseil départemental.

7° Les élèves ecclésiastiques désignés à cet effet par les archevêques et par les évêques, et les jeunes gens autorisés à continuer leurs études pour se vouer au ministère dans les cultes salariés par l'Etat, sous la condition qu'ils seront assujettis au service militaire s'ils cessent les études en vue desquelles ils auront été dispensés ou si, à vingt-six ans, les premiers ne sont pas entrés dans les ordres majeurs, et les seconds n'ont pas reçu la consécration.

Art. 21.

Les jeunes gens liés au service, dans les armées de terre ou de mer, en vertu d'un brevet ou d'une commission, et qui cessent leur service;

Les jeunes marins portés sur les registres matricules de l'inscription maritime, conformément aux règles prescrites par les articles 1, 2, 3, 4 et 5 de la loi du 25 octobre 1795 (3 brumaire an IV) (1), qui se font rayer de l'inscription maritime;

---

(1) Loi du 3 brumaire an IV (25 octobre 1795), concernant l'inscription maritime :

« Art. 1er. Il y aura une inscription particulière des citoyens français qui se destineront à la navigation.

Les jeunes gens désignés en l'article 20 ci-

« Art. 2. Sont compris dans l'inscription maritime : 1° les marins de tout grade et de toute profession naviguant dans l'armée navale ou sur les bâtiments de commerce ; 2° ceux qui font la navigation ou la pêche de mer sur les côtes, ou dans les rivières jusqu'où remonte la marée ; et pour celles où il n'y a pas de marée, jusqu'à l'endroit où les bâtiments de mer peuvent remonter ; 3° ceux qui naviguent sur les pataches, alléges, bateaux et chaloupes dans les rades et dans les rivières, jusqu'aux limites ci-dessus indiquées.

« Art. 3. Tout citoyen qui commence à naviguer ne pourra s'embarquer ni être employé sur les rôles d'équipage d'un bâtiment de la République ou du commerce, que sous la dénomination de *mousse*, depuis l'âge de dix ans jusqu'à quinze ans accomplis, et sous celle de *novice* au-dessus de ce dernier âge. Néanmoins, tout mousse ou novice qui, ayant navigué pendant six mois dans l'une de ces deux qualités, aura en outre satisfait à l'examen prescrit, sera employé sous la dénomination d'*aspirant de la dernière classe*.

« Art. 4. Il sera donné connaissance des diverses dispositions de la présente loi à tout citoyen commençant à naviguer, et il sera inscrit sur un rôle particulier.

« Art. 5. Sera compris dans l'inscription maritime tout citoyen âgé de dix-huit ans révolus qui, ayant rempli une des conditions suivantes, voudra continuer la navigation ou la pêche : 1° d'avoir fait deux voyages au long cours ; 2° d'avoir fait la navigation pendant dix-huit mois ; 3° d'avoir fait la petite pêche pendant deux ans ; 4° d'avoir servi pendant deux ans en qualité d'apprenti marin. A cet effet, il se présentera.

dessus qui cessent d'être dans une des positions indiquées audit article avant d'avoir accompli les conditions qu'il leur impose, sont tenus :

1° D'en faire la déclaration au maire de la commune, dans les deux mois, et de retirer expédition de leur déclaration ;

2° D'accomplir dans l'armée active le service prescrit par la présente loi, et de faire ensuite partie des réserves selon la classe à laquelle ils appartiennent.

Faute par eux de faire la déclaration ci-dessus et la soumettre au visa du préfet du département, dans le délai d'un mois, ils sont passibles des peines portées par l'article 60 de la présente loi.

Ils sont rétablis dans la première classe appelée après la cessation de leurs services, fonctions ou études. Mais le temps écoulé depuis la cessation de leurs services, fonctions ou études, jusqu'au moment de la déclaration, ne compte pas dans les années de service exigées par la présente loi.

Toutefois, est déduit du nombre d'années pendant lesquelles tout Français fait partie de l'armée active, le temps déjà passé au service de

---

accompagné de son père ou de deux de ses plus proches parents, au bureau de l'inscription de son quartier, où il lui sera donné connaissance des lois et règlements qui déterminent les obligations et les droits des marins inscrits. »

l'Etat par les marins inscrits et par les jeunes gens liés au service dans les armées de terre et de mer en vertu d'un brevet ou d'une commission.

Art. 22.

Peuvent être dispensés à titre provisoire, comme soutiens indispensables de famille et s'ils en remplissent effectivement les devoirs, les jeunes gens désignés par les conseils municipaux de la commune où ils sont domiciliés.

La liste est présentée au conseil de révision par le maire.

Ces dispenses peuvent être accordées, par département, jusqu'à concurrence de quatre pour cent du nombre des jeunes gens reconnus propres au service et compris dans la première partie des listes du recrutement cantonal.

Tous les ans, le maire de chaque commune fait connaître au conseil de révision la situation des jeunes gens qui ont obtenu les dispenses, à titre de soutiens de famille, pendant les années précédentes.

Art. 23.

En temps de paix, il peut être accordé des sursis d'appel aux jeunes gens qui, avant le tirage au sort, en auront fait la demande.

A cet effet, ils doivent établir que, soit pour

leur apprentissage, soit pour les besoins de l'exploitation agricole, industrielle ou commerciale à laquelle ils se livrent pour leur compte ou pour celui de leurs parents, il est indispensable qu'ils ne soient pas enlevés immédiatement à leurs travaux.

Ce sursis d'appel ne confère ni exemption ni dispense; il n'est accordé que pour un an, et peut être néanmoins renouvelé pour une seconde année.

Le jeune homme qui a obtenu un sursis d'appel conserve le numéro qui lui est échu lors du tirage au sort, et, à l'expiration de son sursis, il est tenu de satisfaire à toutes les obligations que lui imposait la loi en raison de son numéro.

Art. 24.

Les demandes de sursis, adressées au maire, sont instruites par lui. Le conseil municipal donne son avis. Elles sont remises au conseil de révision, et envoyées par duplicata au sous-préfet, qui les transmet au préfet avec ses observations, et y joint tous les documents nécessaires.

Il peut être accordé, pour tout le département et par chaque classe, des sursis d'appel jusqu'à concurrence de quatre pour cent du nombre de jeunes gens reconnus propres au service militaire dans ladite classe et compris dans la première partie des listes du recrutement cantonal.

Art. 25.

Les jeunes gens dispensés du service d'activité en temps de paix, aux termes de l'article 17 de la présente loi, les jeunes gens dispensés à titre de soutiens de famille, ainsi que les jeunes gens auxquels il est accordé des sursis d'appel, sont astreints, par un règlement du Ministre de la guerre, à certains exercices.

Quand les causes de dispenses viennent à cesser, ils sont soumis à toutes les obligations de la classe à laquelle ils appartiennent.

Art. 26.

Les jeunes gens dispensés du service de l'armée active aux termes de l'article 17 ci-dessus, les jeunes gens dispensés à titre de soutiens de famille, ainsi que ceux qui ont obtenu des sursis d'appel, sont appelés, en cas de guerre, comme les hommes de leur classe.

L'autorité militaire en dispose alors selon les besoins des différents services.

TROISIÈME SECTION.

Des conseils de révision et des listes de recrutement cantonal.

Art. 27.

Les opérations du recrutement sont revues, les réclamations auxquelles ces opérations peuvent donner lieu sont entendues, les causes d'exemption et de dispenses prévues par les articles 16, 17 et 20 de la présente loi sont jugées, en séance publique, par un conseil de révision composé :

Du préfet, président, ou, à son défaut, du secrétaire général ou du conseiller de préfecture délégué par le préfet ;

D'un conseiller de préfecture désigné par le préfet ;

D'un membre du conseil général du département autre que le représentant élu dans le canton où la révision a lieu ;

D'un membre du conseil d'arrondissement également autre que le représentant élu dans le canton où la révision a lieu :

Tous deux désignés par la commission permanente du conseil général, conformément à l'article 82 de la loi du 10 août 1871 (1);

D'un officier général ou supérieur désigné par l'autorité militaire.

Un membre de l'intendance, le commandant du recrutement, un médecin militaire, ou, à défaut, un médecin civil désigné par l'autorité militaire, assistent aux opérations du conseil de révision. Le membre de l'intendance est entendu, dans l'intérêt de la loi, toutes les fois qu'il le demande, et peut faire consigner ses observations au registre des délibérations.

Le conseil de révision se transporte dans les divers cantons. Toutefois, suivant les localités, le préfet peut exceptionnellement réunir, dans le même lieu, plusieurs cantons pour les opérations du conseil.

Le sous-préfet ou le fonctionnaire par lequel il aura été suppléé pour les opérations du tirage, assiste aux séances que le conseil de révision tient dans son arrondissement.

Il a voix consultative.

---

(1) Loi du 10 août 1871 : « Art. 82. La commission départementale assigne à chaque membre du conseil général, et aux membres des autres conseils électifs, le canton pour lequel ils devront siéger dans le conseil de révision. »

Les maires des communes auxquelles appartiennent les jeunes gens appelés devant le conseil de révision assistent aux séances et peuvent être entendus.

Si, par suite d'une absence, le conseil de révision ne se compose que de quatre membres, il peut délibérer, mais la voix du président n'est pas prépondérante. La décision ne peut être prise qu'à la majorité de trois voix. En cas de partage, elle est ajournée.

Art. 28.

Les jeunes gens portés sur les tableaux de recensement, ainsi que ceux des classes précédentes qui ont été ajournés conformément à l'article 18 ci-dessus, sont convoqués, examinés et entendus par le conseil de révision. Ils peuvent alors faire connaître l'arme dans laquelle ils désirent être placés.

S'ils ne se rendent pas à la convocation, ou s'ils ne se font pas représenter, ou s'ils n'obtiennent pas un délai, il est procédé comme s'ils étaient présents.

Dans le cas d'exemption pour infirmités, le conseil ne prononce qu'après avoir entendu le médecin qui assiste au conseil.

Les cas de dispenses sont jugés sur la production de documents authentiques, et sur les certificats signés de trois pères de famille domiciliés dans le même canton, dont les fils sont soumis à l'appel ou ont été appelés. Ces certificats doivent, en outre, être signés et approuvés par le maire de la commune du réclamant.

La substitution de numéros peut avoir lieu entre frères, si celui qui se présente comme substituant est reconnu propre au service par le conseil de révision.

Art. 29.

Lorsque les jeunes gens portés sur les tableaux de recensement ont fait des réclamations dont l'admission ou le rejet dépend de la décision à intervenir sur des questions judiciaires relatives à leur état ou à leurs droits civils, le conseil de révision ajourne sa décision, ou ne prend qu'une décision conditionnelle.

Les questions sont jugées contradictoirement avec le préfet, à la requête de la partie la plus diligente. Les tribunaux statuent sans délai, le ministère public entendu.

Art. 30.

Hors les cas prévus par l'article précédent, les décisions du conseil de révision sont définitives. Elles peuvent néanmoins être attaquées devant le Conseil d'État pour incompétence et excès de pouvoirs.

Elles peuvent aussi être attaquées pour violation de la loi, mais par le Ministre de la guerre seulement, et dans l'intérêt de la loi. Toutefois, l'annulation profite aux parties lésées.

Art. 31.

Après que le conseil de révision a statué sur les cas d'exemptions et sur ceux de dispenses, ainsi que sur toutes les réclamations auxquelles les opérations peuvent donner lieu, la liste du recrutement cantonal est définitivement arrêtée et signée par le conseil de révision.

Cette liste, divisée en cinq parties, comprend :

1° Par ordre de numéros de tirage, tous les jeunes gens déclarés propres au service militaire et qui ne doivent pas être classés dans les catégories suivantes ;

2° Tous les jeunes gens dispensés en exécution de l'article 17 de la présente loi ;

3° Tous les jeunes gens conditionnellement dispensés en vertu de l'article 20, ainsi que les jeunes gens liés au service en vertu d'un engagement volontaire, d'un brevet ou d'une commission, et les jeunes marins inscrits ;

4° Les jeunes gens qui, pour défaut de taille ou pour toute autre cause, ont été dispensés du service dans l'armée active, mais ont été reconnus aptes à faire partie d'un des services auxiliaires de l'armée ;

5° Enfin les jeunes gens qui ont été ajournés à un nouvel examen du conseil de révision.

Art. 32.

Quand les listes du recrutement de tous les cantons du département ont été arrêtées conformément aux prescriptions de l'article précédent, le conseil de révision, auquel sont adjoints deux autres membres du conseil général également désignés par la commission permanente, et réuni au chef-lieu du département, prononce sur les demandes de dispenses pour soutiens de famille et sur les demandes de sursis d'appel.

QUATRIÈME SECTION.

Du registre matricule.

Art. 33.

Il est tenu par département, ou par circonscriptions déterminées dans chaque département, en vertu d'un règlement d'administration publique, un registre matricule, dressé au moyen des listes mentionnées en l'article 31 ci-dessus, et sur lequel sont portés tous les jeunes gens qui n'ont pas été déclarés impropres à tout service militaire ou qui n'ont pas été ajournés à un nouvel examen du conseil de révision.

Ce registre mentionne l'incorporation de chaque homme inscrit, ou la position dans laquelle il est laissé, et successivement tous les changements qui peuvent survenir dans sa situation, jusqu'à ce qu'il passe dans l'armée territoriale.

Art. 34.

Tout homme inscrit sur le registre matricule, qui change de domicile, est tenu d'en faire la déclaration à la mairie de la commune qu'il quitte et à la mairie du lieu où il vient s'établir.

Le maire de chacune des communes transmet, dans les huit jours, copie de ladite déclaration, au bureau du registre matricule de la circonscription dans laquelle se trouve la commune.

Art. 35.

Tout homme inscrit sur le registre matricule, qui entend se fixer en pays étranger, est tenu, dans sa déclaration à la mairie de la commune où il réside, de faire connaître le lieu où il va établir son domicile, et, dès qu'il y est arrivé, d'en prévenir l'agent consulaire de France. Le maire de la commune transmet, dans les huit jours, copie de ladite déclaration, au bureau du registre matricule de la circonscription dans laquelle se trouve sa commune.

L'agent consulaire, dans les huit jours de la déclaration, en envoie copie au Ministre de la guerre.

TITRE III.

Du service militaire.

Art. 36.

Tout Français qui n'est pas déclaré impropre à tout service militaire fait partie :

De l'armée active pendant cinq ans ;

De la réserve de l'armée active pendant quatre ans ;

De l'armée territoriale pendant cinq ans ;

De la réserve de l'armée territoriale pendant six ans.

1° L'armée active est composée, indépendamment des hommes qui ne se recrutent pas par les appels, de tous les jeunes gens déclarés propres à un des services de l'armée et compris dans les cinq dernières classes appelées.

2° La réserve de l'armée active est composée de tous les hommes également déclarés propres à un des services de l'armée et compris dans les quatre classes appelées immédiatement avant celles qui forment l'armée active.

3° L'armée territoriale est composée de tous les hommes qui ont accompli le temps de service prescrit pour l'armée active et la réserve.

4° La réserve de l'armée territoriale est composée des hommes qui ont accompli le temps de service pour cette armée.

L'armée territoriale et la deuxième réserve sont formées par régions déterminées par un règlement d'administration publique ; elles comprennent, pour chaque région, les hommes ci-dessus désignés aux paragraphes 3° et 4°, et qui sont domiciliés dans la région.

Art. 37.

L'armée de mer est composée, indépendamment des hommes fournis par l'inscription maritime :

1° Des hommes qui auront été admis à s'engager volontairement ou à se rengager dans les conditions déterminées par un règlement d'administration publique ;

2° Des jeunes gens qui, au moment des opérations du conseil de révision, auront demandé à entrer dans un des corps de la marine, et auront été reconnus propres à ce service ;

3° Enfin et à défaut d'un nombre suffisant d'hommes compris dans les deux catégories précédentes, du contingent du recrutement affecté, par décision du Ministre de la guerre, à l'armée de mer.

Ce contingent, fourni par chaque canton dans la proportion fixée par ladite décision, est composé des jeunes gens compris dans la première partie de la liste du recrutement cantonal, et auxquels seront échus les premiers numéros sortis au tirage au sort.

Un règlement d'administration publique déterminera les conditions dans lesquelles pourront avoir lieu les permutations entre les jeunes gens affectés à l'armée de mer, et ceux de la même classe affectés à l'armée de terre.

Pour les hommes qui ne proviennent pas de l'inscription maritime, le temps de service actif, dans l'armée de mer, est de cinq ans, et de deux ans dans la réserve.

Ces hommes passent ensuite dans l'armée territoriale.

Art. 38.

La durée du service compte du 1er juillet de l'année du tirage au sort.

Chaque année, au 30 juin, en temps de paix, les militaires qui ont achevé le temps de service prescrit dans l'armée active, ceux qui ont accompli le temps de service prescrit dans la réserve de l'armée active, ceux qui ont terminé le temps de service prescrit pour l'armée territoriale, enfin ceux qui ont terminé le temps de service pour la réserve de cette armée, reçoivent un certificat constatant :

Pour les premiers, leur envoi dans la première réserve ;

Pour les seconds, leur envoi dans l'armée territoriale ;

Pour les troisièmes, leur envoi dans la deuxième réserve ;

Et, à l'expiration du temps de service dans cette réserve, les hommes reçoivent un congé définitif.

En temps de guerre, ils reçoivent ces certificats immédiatement après l'arrivée au corps des hommes de la classe destinée à remplacer celle à laquelle ils appartiennent.

Cette dernière disposition est applicable, en tout temps, aux hommes appartenant aux équipages de la flotte en cours de campagne.

Art. 39.

Tous les jeunes gens de la classe appelée, qui ne sont pas exemptés pour cause d'infirmités, ou ne sont pas dispensés en application des dispositions de la présente loi, ou n'ont pas obtenu de sursis d'appel, ou ne sont pas affectés à l'armée de mer, font partie de l'armée active et sont mis à la disposition du Ministre de la guerre.

Ces jeunes soldats sont tous immatriculés dans les divers corps de l'armée et envoyés, soit dans lesdits corps, soit dans des bataillons et écoles d'instruction.

Art. 40.

Après une année de service des jeunes soldats dans les conditions indiquées en l'article précédent, ne sont plus maintenus sous les drapeaux que les hommes dont le chiffre est fixé chaque année par le Ministre de la guerre.

Ils sont pris par ordre de numéro sur la première partie de la liste du recrutement de chaque canton et dans la proportion déterminée par la décision du Ministre ; cette décision est rendue aussitôt après que toutes les opérations du recrutement sont terminées.

Art. 41.

Nonobstant les dispositions de l'article précédent, le militaire compris dans la catégorie de ceux ne devant pas rester sous les drapeaux, mais qui, après l'année de service mentionnée audit article, ne sait pas lire et écrire, et ne satisfait pas aux examens déterminés par le Ministre de la guerre, peut être maintenu au corps pendant une seconde année.

Le militaire placé dans la même catégorie qui, par l'instruction acquise antérieurement à son entrée au service et par celle reçue sous les drapeaux, remplit toutes les conditions exigées, peut, après six mois, à des époques fixées par le Ministre de la guerre, et avant l'expiration de l'année, être envoyé en disponibilité dans ses foyers, conformément à l'article suivant.

Art. 42.

Les jeunes gens qui, après le temps de service prescrit par les articles 40 et 41, ne sont pas maintenus sous les drapeaux, restent en disponibilité de l'armée active, dans leurs foyers, et à la disposition du Ministre de la guerre.

Ils sont, par un règlement du Ministre, soumis à des revues et à des exercices.

Art. 43.

Les hommes envoyés dans la réserve de l'armée active restent immatriculés d'après le mode prescrit par la loi d'organisation.

Le rappel de la réserve de l'armée active peut être fait d'une manière distincte et indépendante pour l'armée de terre et pour l'armée de mer ; il peut également être fait par classe, en commençant par la moins ancienne.

Les hommes de la réserve de l'armée active sont assujettis, pendant le temps de service de ladite réserve, à prendre part à deux manœuvres.

La durée de chacune de ces manœuvres ne peut dépasser quatre semaines.

Art. 44.

Les hommes en disponibilité de l'armée active

et les hommes de la réserve peuvent se marier sans autorisation.

Les hommes mariés restent soumis aux obligations de service imposées aux classes auxquelles ils appartiennent.

Toutefois, les hommes en disponibilité ou en réserve qui sont pères de quatre enfants vivants, passent de droit dans l'armée territoriale.

Art. 45.

Des lois spéciales détermineront les bases de l'organisation de l'armée active et de l'armée territoriale, ainsi que des réserves.

TITRE IV.

Des engagements. — Des rengagements et des engagements conditionnels d'un an.

PREMIÈRE SECTION.

Des engagements.

Art. 46.

Tout Français peut être autorisé à contracter un engagement volontaire aux conditions suivantes :

L'engagé volontaire doit :

1° S'il entre dans l'armée de mer, avoir seize ans accomplis, sans être tenu d'avoir la taille prescrite par la loi, mais sous la condition qu'à l'âge de dix-huit ans il ne pourra être reçu s'il n'a pas cette taille ;

2° S'il entre dans l'armée de terre, avoir dix-huit ans accomplis, et au moins la taille de un mètre cinquante-quatre centimètres ;

3° Savoir lire et écrire ;

4° Jouir de ses droits civils ;

5° N'être ni marié, ni veuf avec enfants ;

6° Etre porteur d'un certificat de bonnes vie et mœurs délivré par le maire de la commune de son dernier domicile ; et s'il ne compte pas au moins une année de séjour dans cette commune, il doit également produire un autre certificat du maire des communes où il a été domicilié dans le cours de cette année.

Le certificat doit contenir le signalement du jeune homme qui veut s'engager, mentionner la durée du temps pendant lequel il a été domicilié dans la commune et attester :

Qu'il jouit de ses droits civils ;

Qu'il n'a jamais été condamné à une peine correctionnelle pour vol, escroquerie, abus de confiance ou attentat aux mœurs.

Si l'engagé a moins de vingt ans, il doit justifier du consentement de ses père, mère ou tuteur.

Ce dernier doit être autorisé par une délibération du conseil de famille.

Les conditions relatives, soit à l'aptitude militaire, soit à l'admissibilité dans les différents corps de l'armée, sont déterminées par un décret inséré au *Bulletin des lois*.

Art. 47.

La durée de l'engagement volontaire est de cinq ans.

Les années de l'engagement volontaire comptent dans la durée du service militaire fixé par l'article 36 ci-dessus.

En cas de guerre, tout Français qui a accompli le temps de service prescrit pour l'armée active et la réserve de ladite armée, est admis à contracter dans l'armée active un engagement pour la durée de la guerre.

Cet engagement ne donne pas lieu aux dispenses prévues par le paragraphe 4 de l'article 17 de la présente loi.

Art. 48.

Les hommes qui, après avoir satisfait aux conditions des articles 40 et 41 de la présente loi, vont être renvoyés en disponibilité, peuvent être admis à rester dans ladite armée de manière à compléter cinq années de service.

Les hommes renvoyés en disponibilité peuvent être autorisés à compléter cinq années de service sous les drapeaux.

Art. 49.

Les engagés volontaires, les hommes admis à rester dans l'armée active, ainsi que ceux qui, en disponibilité, ont été autorisés à compléter cinq années de service dans ladite armée, ne peuvent être envoyés en congé sans leur consentement.

Art. 50.

Les engagements volontaires sont contractés dans les formes prescrites par les articles 34, 35, 36, 37, 38, 39, 40, 42 et 44 du Code civil (1), devant les maires des chefs-lieux de canton.

---

(1) Art. 34 du Code civil : « Les actes de l'état civil énonceront l'année, le jour et l'heure où ils seront reçus, les prénoms, noms, âge, profession et domicile de tous ceux qui y seront dénommés.

« Art. 35. Les officiers de l'état civil ne pourront rien insérer dans les actes qu'ils recevront, soit par note, soit par énonciation quelconque, que ce qui doit être déclaré par les comparants.

« Art. 36. Dans les cas où les parties intéressées ne seront point obligées de comparaître en personne, elles pourront se faire représenter par un fondé de procuration spéciale et authentique.

« Art. 37. Les témoins produits aux actes de l'état

Les conditions relatives à la durée des engagements sont insérées dans l'acte même.

Les autres conditions sont lues aux contractants avant la signature et mention en est faite à la fin de l'acte, le tout sous peine de nullité.

---

civil ne pourront être que du sexe masculin, âgés de vingt et un ans au moins, parents ou autres, et ils seront choisis par les personnes intéressées.

« Art. 38. L'officier de l'état civil donnera lecture des actes aux parties comparantes, ou à leur fondé de procuration, et aux témoins. Il y sera fait mention de l'accomplissement de cette formalité.

« Art. 39. Ces actes seront signés par l'officier de l'état civil, par les comparants et les témoins, ou mention sera faite de la cause qui empêchera les comparants et les témoins de signer.

« Art. 40. Les actes de l'état civil sont inscrits, dans chaque commune, sur un ou plusieurs registres tenus doubles. »

« Art. 42. Les actes seront inscrits sur les registres, de suite, sans aucun blanc. Les ratures et les renvois seront approuvés et signés de la même manière que le corps de l'acte. Il n'y sera rien écrit par abréviation, et aucune date ne sera mise en chiffres. »

« Art. 44. Les procurations et les autres pièces qui doivent demeurer annexées aux actes de l'état civil, seront déposées, après qu'elles auront été paraphées par la personne qui les aura produites et par l'officier de l'état civil, au greffe du tribunal, avec le double des registres dont le dépôt doit avoir lieu audit greffe. »

DEUXIÈME SECTION.

Des rengagements.

Art. 51.

Des rengagements peuvent être reçus pour deux ans au moins et cinq ans au plus.

Ces rengagements ne peuvent être reçus que pendant le cours de la dernière année de service sous les drapeaux.

Ils sont renouvelables jusqu'à l'âge de vingt-neuf ans accomplis pour les caporaux et soldats, et jusqu'à l'âge de trente-cinq ans accomplis pour les sous-officiers.

Les autres conditions sont déterminées par un règlement inséré au *Bulletin des lois*.

Les rengagements après cinq ans de service sous les drapeaux donnent droit à une haute paye.

Art. 52.

Les engagements prévus à l'article 48 de la présente loi et les rengagements sont contractés devant les intendants ou sous-intendants militaires, dans la forme prescrite dans l'article 50 ci-dessus, sur la preuve que le contractant peut rester ou être admis dans le corps pour lequel il se présente.

TROISIÈME SECTION.

Des engagements conditionnels d'un an.

Art. 53.

Les jeunes gens qui ont obtenu des diplômes de bachelier ès lettres, de bachelier ès sciences, des diplômes de fin d'études ou des brevets de capacité institués par les articles 4 et 6 de la loi du 21 juin 1865 (1); ceux qui font partie de

---

(1) Loi du 21 juin 1865, portant organisation de l'enseignement secondaire spécial :

« Art. 4. A la fin des cours, les élèves sont admis à subir, devant un jury dont les membres sont nommés par le Ministre de l'instruction publique, un examen à la suite duquel ils obtiennent, s'il y a lieu, un diplôme. — Les élèves de l'enseignement libre peuvent se presenter devant le jury et obtenir le même diplôme. »

« Art. 6. Le diplôme de bachelier peut être suppléé, pour l'ouverture d'un établissement libre d'enseignement secondaire spécial, par un brevet de capacité, à la suite d'un examen dont les programmes sont réglés par des arrêtés délibérés en Conseil impérial de l'instruction publique. — Nul n'est admis à subir cet examen avant l'âge de dix-huit ans. — La condition de stage prescrite par l'article 60 de la loi du 15 mars 1850 n'est pas exigible. »

l'Ecole centrale des arts et manufactures, des écoles nationales des arts et métiers, des écoles nationales des beaux-arts, du Conservatoire de musique; les élèves des écoles nationales vétérinaires et des écoles nationales d'agriculture; les élèves externes de l'Ecole des mines, de l'Ecole des ponts et chaussées, de l'Ecole du génie maritime, et les élèves de l'Ecole des mineurs de Saint-Etienne, sont admis avant le tirage au sort, lorsqu'ils présentent les certificats d'études émanés des autorités désignées par un règlement inséré au *Bulletin des lois*, à contracter, dans l'armée de terre, des engagements conditionnels d'un an, selon le mode déterminé par ledit règlement.

Art. 54.

Indépendamment des jeunes gens indiqués en l'article précédent, sont admis, avant le tirage au sort, à contracter un semblable engagement, ceux qui satisfont à un des examens exigés par les différents programmes préparés par le Ministre de la guerre, et approuvés par décrets rendus dans la forme des règlements d'administration publique. Ces décrets sont insérés au *Bulletin des lois*.

Le Ministre de la guerre fixe chaque année le nombre des engagements conditionnels d'un an spécifiés au présent article. Ce nombre est réparti par régions déterminées conformément à l'article 36 ci-dessus, et proportionnellement au nombre des jeunes gens inscrits sur les tableaux de recensement de l'année précédente.

Si, au moment où les jeunes gens mentionnés au présent article et à l'article précédent se présentent pour contracter un engagement d'un an, ils ne sont pas reconnus propres au service, ils sont ajournés et ne peuvent être incorporés que lorsqu'ils remplissent toutes les conditions voulues.

Art. 55.

L'engagé volontaire d'un an est habillé, monté, équipé et entretenu à ses frais.

Toutefois, le Ministre de la guerre peut exempter de tout ou partie des obligations déterminées au paragraphe précédent, les jeunes gens qui ont donné dans leur examen des preuves de capacité, et justifient, dans les formes prescrites par le règlement, être dans l'impossibilité de subvenir aux frais résultant de ces obligations.

Art. 56.

L'engagé volontaire d'un an est incorporé et soumis à toutes les obligations de service imposées aux hommes présents sous les drapeaux.

Il est astreint aux examens prescrits par le Ministre de la guerre.

Si, après un an de service, l'engagé volontaire d'un an ne satisfait pas à ces examens, il est obligé de rester une seconde année au service, aux conditions déterminées dans le règlement prévu par l'article 53.

Si, après cette seconde année, l'engagé volontaire ne satisfait pas à ces examens, il est, par décision du Ministre de la guerre, déclaré déchu des avantages réservés aux volontaires d'un an, et il reste soumis aux mêmes obligations que celles imposées aux hommes de la première partie de la classe à laquelle il appartient par son engagement.

Il en est de même pour le volontaire qui, pendant la première ou la seconde année, a commis des fautes graves et répétées contre la discipline.

Dans tous les cas, le temps passé dans le volontariat compte en déduction de la durée du service prescrit par l'article 36 de la présente loi.

En temps de guerre, l'engagé volontaire d'un an est maintenu au service.

En cas de mobilisation, l'engagé volontaire d'un an marche avec la première partie de la classe à laquelle il appartient par son engagement.

Art. 57.

Dans l'année qui précède l'appel de leur classe,

les jeunes gens mentionnés dans l'article 53 qui n'auraient pas terminé les études de la Faculté ou des Ecoles auxquelles ils appartiennent, mais qui voudraient les achever dans un laps de temps déterminé, peuvent, tout en contractant l'engagement d'un an, obtenir de l'autorité militaire un sursis avant de se rendre au corps pour lequel ils se sont engagés. Le sursis peut leur être accordé jusqu'à l'âge de vingt-quatre ans accomplis.

Art. 58.

Après que les engagés volontaires d'un an ont satisfait à tous les examens exigés par l'article 56, ils peuvent obtenir des brevets de sous-officier ou des commissions au moins équivalentes.

Les lois spéciales prévues par l'article 45 déterminent l'emploi de ces jeunes gens, soit dans l'armée active, soit dans la disponibilité, soit dans la réserve de l'armée active, soit dans l'armée territoriale, ou dans les différents services auxquels leurs études les ont plus spécialement destinés.

TITRE V.

Dispositions pénales.

Art. 59.

Tout homme inscrit sur le registre matricule,

qui n'a pas fait les déclarations de changement de domicile prescrites par les articles 34 et 35 de la présente loi, est déféré aux tribunaux ordinaires, et puni d'une amende de dix francs à deux cents francs ; il peut, en outre, être condamné à un emprisonnement de quinze jours à trois mois.

En temps de guerre, la peine est double.

Art. 60.

Toutes fraudes ou manœuvres par suite desquelles un jeune homme a été omis sur les tableaux de recensement ou sur les listes du tirage, sont déférées aux tribunaux ordinaires et punies d'un emprisonnement d'un mois à un an.

Sont déférés aux mêmes tribunaux et punis de la même peine :

1° Les jeunes gens appelés qui, par suite d'un concert frauduleux, se sont abstenus de comparaître devant le conseil de révision ;

2° Les jeunes gens qui, à l'aide de fraudes ou manœuvres, se sont fait exempter ou dispenser par un conseil de révision, sans préjudice des peines plus graves en cas de faux.

Les auteurs ou complices sont punis des mêmes peines.

Si le jeune homme omis a été condamné comme auteur ou complice de fraudes ou manœuvres, les dispositions de l'article 14 lui sont appliquées lors du premier tirage qui a lieu après l'expiration de sa peine.

Le jeune homme indûment exempté ou indûment dispensé est rétabli en tête de la première partie de la classe appelée après qu'il a été reconnu que l'exemption ou la dispense avait été indûment accordée.

Art. 61.

Tout homme inscrit sur le registre matricule au domicile duquel un ordre de route a été régulièrement notifié, et qui n'est pas arrivé à sa destination au jour fixé par cet ordre, est, après un mois de délai, et hors le cas de force majeure, puni, comme insoumis, d'un emprisonnement d'un mois à un an, en temps de paix, et de deux à cinq ans en temps de guerre. Dans ce dernier cas, à l'expiration de sa peine, il est envoyé dans une compagnie de discipline.

En temps de guerre, les noms des insoumis sont affichés dans toutes les communes du canton de leur domicile ; ils restent affichés pendant toute la durée de la guerre.

Ces dispositions sont applicables à tout engagé volontaire qui, sans motifs légitimes, n'est pas arrivé à sa destination dans le délai fixé par sa feuille de route.

En cas d'absence du domicile, et lorsque le lieu de la résidence est inconnu, l'ordre de route est notifié au maire de la commune dans laquelle l'appelé a concouru au tirage.

A l'égard des appelés, le délai d'un mois sera porté :

1° A deux mois, s'ils demeurent en Algérie, dans les îles voisines des contrées limitrophes de la France ou en Europe ;

2° A six mois, s'ils demeurent dans tout autre pays.

L'insoumis est jugé par le conseil de guerre de la division militaire dans laquelle il est arrêté.

Le temps pendant lequel l'engagé volontaire ou l'homme inscrit sur le registre matricule aura été insoumis, ne compte pas dans les années de service exigées.

Art. 62.

Quiconque est reconnu coupable d'avoir recélé ou d'avoir pris à son service un insoumis, est puni d'un emprisonnement qui ne peut excéder six mois. Selon les circonstances, la peine peut être réduite à une amende de vingt à deux cents francs.

Quiconque est convaincu d'avoir favorisé l'évasion d'un insoumis, est puni d'un emprisonnement d'un mois à un an.

La même peine est prononcée contre ceux qui, par des manœuvres coupables, ont empêché ou retardé le départ des jeunes soldats.

Si le délit a été commis à l'aide d'un attroupement, la peine sera double.

Si le délinquant est fonctionnaire public, employé du Gouvernement ou ministre d'un culte salarié par l'Etat, la peine peut être portée jusqu'à deux années d'emprisonnement, et il est, en outre, condamné à une amende qui ne pourra excéder deux mille francs.

Art. 63.

Tout homme qui est prévenu de s'être rendu impropre au service militaire, soit temporairement, soit d'une manière permanente, dans le but de se soustraire aux obligations imposées par la présente loi, est déféré aux tribunaux, soit sur la demande des conseils de révision, soit d'office, et s'il est reconnu coupable, il est puni d'un emprisonnement d'un mois à un an.

Sont également déférés aux tribunaux, et punis de la même peine, les jeunes gens qui, dans l'intervalle de la clôture de la liste cantonale à leur mise en activité, se sont rendus coupables du même délit.

A l'expiration de leur peine, les uns et les autres sont mis à la disposition du Ministre de la guerre, pour tout le temps du service militaire qu'ils doivent à l'État, et peuvent être envoyés dans une compagnie de discipline.

La peine portée au présent article est prononcée contre les complices.

Si les complices sont des médecins, chirurgiens, officiers de santé ou pharmaciens, la durée de l'emprisonnement est de deux mois à deux ans, indépendamment d'une amende de deux cents francs à mille francs qui peut aussi être prononcée, et sans préjudice de peines plus graves dans les cas prévus par le Code pénal.

Art. 64.

Ne compte pas pour les années de service exigées par la présente loi, le temps pendant lequel un militaire a subi la peine de l'emprisonnement en vertu d'un jugement.

Art. 65.

Tout fonctionnaire ou officier public civil ou militaire, qui, sous quelque prétexte que ce soit, a autorisé ou admis des exemptions, dispenses ou exclusions autres que celles déterminées par la présente loi, ou qui aura donné arbitrairement une extension quelconque, soit à la durée, soit aux règles ou conditions des appels, des engagements ou des rengagements, sera coupable d'abus d'autorité, et puni des peines portées dans l'article 185 du Code pénal (1), sans préjudice des

(1) Art. 185 du Code pénal : « Tout juge ou tribunal, tout administrateur ou autorité administrative, qui, sous quelque prétexte que ce soit, même du

peines plus graves prononcées par ce Code dans les autres cas qu'il a prévus.

Art. 66.

Les médecins, chirurgiens ou officiers de santé qui, appelés au conseil de révision à l'effet de donner leur avis conformément aux articles 16, 18, 28, ont reçu des dons ou agréé des promesses pour être favorables aux jeunes gens qu'ils doivent examiner, sont punis d'un emprisonnement de deux mois à deux ans.

Cette peine leur est appliquée, soit qu'au moment des dons ou promesses ils aient déjà été désignés pour assister au conseil, soit que les dons ou promesses aient été agréés dans la prévoyance des fonctions qu'ils auraient à y remplir.

Il leur est défendu, sous la même peine, de rien recevoir, même pour une exemption ou réforme justement prononcée.

---

silence ou de l'obscurité de la loi, aura dénié de rendre la justice qu'il doit aux parties, après en avoir été requis, et qui aura persévéré dans son déni, après avertissement ou injonction de ses supérieurs, pourra être poursuivi, et sera puni d'une amende de deux cents francs au moins et de cinq cents francs au plus, et de l'interdiction de l'exercice des fonctions publiques depuis cinq ans jusqu'à vingt. »

Art. 67.

Les peines prononcées par les articles 60, 62 et 63 sont applicables aux tentatives des délits prévus par ces articles.

Dans le cas prévu par l'article 66, ceux qui ont fait des dons et promesses sont punis des peines portées par ledit article contre les médecins, chirurgiens ou officiers de santé.

Art. 68.

Dans tous les cas non prévus par les dispositions précédentes, les tribunaux civils et militaires, dans les limites de leur compétence, appliqueront les lois pénales ordinaires aux délits auxquels pourra donner lieu l'exécution du mode de recrutement déterminé par la présente loi.

Dans tous les cas où la peine d'emprisonnement est prononcée par la présente loi, les juges peuvent, suivant les circonstances, user de la faculté exprimée par l'article 463 du Code pénal (1).

---

(1) Art. 463 du Code pénal : « Dans tous les cas où la peine de l'emprisonnement et celle de l'amende sont prononcées par le Code pénal, si les circonstances paraissent atténuantes, les tribunaux correctionnels sont autorisés, même en cas de récidive, à l'empri-

DISPOSITIONS PARTICULIÈRES.

Art. 69.

Les jeunes gens appelés à faire partie de l'armée, en exécution de la présente loi, outre l'instruction nécessaire à leur service, reçoivent dans leurs corps et suivant leurs grades, l'instruction prescrite par un règlement du Ministre de la guerre.

Art. 70.

Les Ministres de la guerre et de la marine assureront par des règlements, aux militaires de toutes armes, le temps et la liberté nécessaires à l'accomplissement de leurs devoirs religieux les dimanches et autres jours de fête consacrés par leurs cultes respectifs. Ces règlements seront insérés au *Bulletin des lois*.

---

sonnement, même au-dessous de six jours, et l'amende, même au-dessous de seize francs. Ils pourront aussi prononcer séparément l'une ou l'autre de ces peines, et même substituer l'amende à l'emprisonnement, sans qu'en aucun cas elle puisse être au-dessous des peines de simple police. »

Les peines de police sont définies par les articles 464 à 470 du Code pénal.

Art. 71.

Tout homme ayant passé sous les drapeaux douze ans, dont quatre au moins avec le grade de sous-officier, reçoit, des chefs de corps, un certificat en vertu duquel il obtient, au fur et à mesure des vacances, un emploi civil ou militaire en rapport avec ses aptitudes ou son instruction.

Une loi spéciale désignera, dans chaque service public, la catégorie des emplois qui seront réservés, en totalité ou dans une proportion déterminée, aux candidats munis du certificat ci-dessus.

Art. 72.

Nul n'est admis, avant l'âge de trente ans accomplis, à un emploi civil ou militaire, s'il ne justifie avoir satisfait aux obligations imposées par la présente loi.

Art. 73.

Chaque année, avant le 31 mars, il sera rendu compte à l'Assemblée nationale, par le Ministre de la guerre, de l'exécution de la présente loi pendant l'année précédente.

DISPOSITIONS TRANSITOIRES.

Art. 74.

Les dispositions de la présente loi ne seront appliquées qu'à partir du 1er janvier 1873.

Toutefois, la totalité de la classe de 1871 sera mise à la disposition du Ministre de la guerre; les jeunes gens de cette classe qui ne feront pas partie du contingent fixé par le Ministre seront placés dans la réserve de l'armée active, au lieu de l'être dans la garde nationale mobile conformément à la loi du 1er février 1868, et y resteront un temps égal à la durée du service accompli dans l'armée active et dans la réserve par les hommes de la même classe compris dans le contingent. Après quoi, les uns et les autres seront placés dans l'armée territoriale, conformément aux dispositions de l'article 36 de la présente loi.

La durée du service pour la classe de 1871 comptera du 1er juillet 1872, conformément aux prescriptions de la loi du 1er février 1868; néanmoins, pour les jeunes gens de cette classe qui ont devancé l'appel à l'activité, elle comptera du 1er janvier 1871, conformément au décret du 5 janvier 1871.

Art. 75.

Les jeunes gens ne faisant pas partie de la

classe de 1871, qui voudraient, avant le 1er janvier 1873, profiter des dispositions des articles 53 et 54 ci-dessus, feront au Ministre de la guerre la demande de contracter un engagement d'un an.

Le règlement prévu par les articles 53 et suivants et les programmes mentionnés en l'article 54 seront publiés avant le 1er novembre prochain; à partir de cette époque, les jeunes gens désignés au premier paragraphe du présent article seront admis soit à contracter leur engagement, soit à passer les examens exigés.

Les jeunes gens des classes de 1872 et suivantes, actuellement sous les drapeaux, par suite d'engagements volontaires, pourront, à partir du 1er janvier 1873, profiter des dispositions des articles 53 et 54.

Le temps passé au service par ces jeunes gens sera, lorsqu'ils auront rempli les obligations déterminées par l'article 56, déduit du temps de service prescrit par l'article 36.

Le temps passé au service par les jeunes gens qui se sont engagés volontairement pour la durée de la guerre, sera également déduit du temps de service prescrit par l'article 36.

Art. 76.

Les jeunes gens des classes de 1867, 1868, 1869 et 1870, appelés en vertu de la loi du 1er février 1868, qui ont été compris dans le contingent de l'armée, seront, à l'expiration de leur service dans la réserve, placés dans l'armée territoriale, conformément aux dispositions de l'article 36 de la présente loi. Les jeunes gens de ces mêmes classes qui n'ont pas été compris dans le contingent de l'armée, et qui font actuellement partie de la garde nationale mobile, seront, à partir du 1er janvier 1873, placés dans la réserve de l'armée, où ils compteront jusqu'à la libération du service dans la réserve des jeunes gens de la même classe qui ont été compris dans le contingent de l'armée. Ils seront ensuite placés dans l'armée territoriale, conformément aux dispositions de l'article 36 de la présente loi.

Art. 77.

Les hommes des classes antérieures appelées en vertu de la loi du 21 mars 1832, qu'ils aient été ou non compris dans les contingents fournis par lesdites classes, feront partie de l'armée territoriale et de la réserve de l'armée territoriale, conformément aux dispositions de l'article 36 de la présente loi, jusqu'à ce qu'ils aient atteint l'âge prescrit par ladite loi pour la libération du service dans l'armée territoriale et dans la réserve de l'armée territoriale.

L'état de recensement des hommes compris dans cette catégorie sera établi conformément aux dispositions de l'article 15 de la loi du 1er février 1868 (1). Ils pourront être appelés par classe, en commençant par les moins anciennes.

Un conseil de révision par arrondissement, composé ainsi qu'il est dit à l'article 16 (2) de la

---

(1) Loi du 1er février 1868 : « Art. 15. Le maire, assisté des quatre conseillers municipaux les premiers inscrits sur le tableau, dresse l'état de recensement des jeunes gens de sa commune qui doivent faire partie de la garde nationale mobile, conformément à l'article précédent.

« A Paris et à Lyon, cet état est dressé par le préfet ou son délégué, assisté de trois membres du conseil municipal et du maire de chaque arrondissement, pour le recensement de cet arrondissement. »

(2) Loi du 1er février 1868 : « Art. 16. Un conseil de révision par arrondissement juge, en séance publique, les causes d'exemption, qui ne peuvent être que celles prévues par les nos 1 et 2 de l'article 13 de la loi de 1832, et les cas de dispense prévus par l'article 14 de la même loi, et par les articles 79 de la loi du 15 mars 1850 et 18 de la loi du 10 avril 1867. »

Les paragraphes 1° et 2° de l'article 13 de la loi du 21 mars 1832, modifié par la loi du 1er février 1868, sont conçus ainsi qu'il suit :

« 1° Ceux qui n'auront pas la taille d'un mètre cinquante-cinq centimètres ;

« 2° Ceux que leurs infirmités rendront impropres au service. »

L'article 14 de la loi du 21 mars 1832 porte :

« Seront considérés comme ayant satisfait à l'appel

loi précitée, prononcera sur les cas d'exemption

---

et comptés numériquement en déduction du contingent à former, les jeunes gens désignés par leur numéro pour faire partie du contingent qui se trouveront dans l'un des cas suivants :

« 1° Ceux qui seraient déjà liés au service dans les armées de terre ou de mer, en vertu d'un engagement volontaire, d'un brevet ou d'une commission, sous la condition qu'ils seront, dans tous les cas, tenus d'accomplir le temps de service prescrit par la présente loi ;

« 2° Les jeunes marins portés sur les registres matricules de l'inscription maritime, conformément aux règles prescrites par les articles 1er, 2, 3, 4 et 5 de la loi du 25 octobre 1795 (3 brumaire an IV), et les charpentiers de navire, perceurs, voiliers et calfats immatriculés, conformément à l'art. 44 de ladite loi ;

« 3° Les élèves de l'Ecole polytechnique, à condition qu'ils passeront, soit dans ladite école, soit dans les services publics, un temps égal à celui fixé par la présente loi pour le service militaire ;

« 4° Ceux qui étant membres de l'instruction publique auraient contracté, avant l'époque déterminée pour le tirage au sort, et devant le conseil de l'Université, l'engagement de se vouer à la carrière de l'enseignement ;

« La même disposition est applicable aux élèves de l'Ecole normale centrale de Paris, à ceux de l'Ecole dite de jeunes de langue, et aux professeurs des institutions royales des sourds-muets ;

« 5° Les élèves des grands séminaires, régulièrement autorisés à continuer leurs études ecclésiasti-

pour infirmités et défaut de taille qui lui seront soumis.

---

ques, les jeunes gens autorisés à continuer leurs études pour se vouer au ministère dans les autres cultes salariés par l'Etat, sous la condition, pour les premiers, que, s'ils ne sont pas entrés dans les ordres majeurs à vingt-cinq ans accomplis, et pour les seconds, que s'ils n'ont pas reçu la consécration dans l'année qui suivra celle où ils auraient pu la recevoir, ils seront tenus d'accomplir le temps prescrit par la présente loi ;

« 6° Les jeunes gens qui auront remporté les grands prix de l'Institut ou de l'Université.

« Les jeunes gens désignés par leur numéro pour faire partie du contingent cantonal, et qui en auront été déduits conditionnellement en exécution des nos 1er, 3, 4 et 5 du présent article, lorsqu'ils cesseront de suivre la carrière en vue de laquelle ils auront été comptés en déduction du contingent, seront tenus d'en faire la déclaration au maire de leur commune dans l'année où ils auront cessé leurs services, fonctions ou études, et de retirer expédition de leur déclaration.

« Faute par eux de faire cette déclaration, et de la soumettre au visa du préfet du département dans le délai d'un mois, ils seront passibles des peines prononcées par le premier paragraphe de l'article 38 de la présente loi ;

« Ils seront rétablis dans le contingent de leurs classes, sans déduction du temps écoulé depuis la cessation desdits services, fonctions ou études, jusqu'au moment de la déclaration. »

Enfin, le texte de l'article 79 de la loi du 15 mars

Art. 78.

Les jeunes gens qui, au lieu d'être placés ou maintenus dans la garde nationale mobile, feront partie de la réserve, conformément aux dispositions précédentes, seront soumis à des exercices et revues déterminés par un règlement du Ministre de la guerre.

Art. 79.

L'obligation de savoir lire et écrire pour contracter un engagement volontaire, ou pour être envoyé en disponibilité après une année de service, ne sera imposée qu'à partir du 1er janvier 1875.

Art. 80.

Toutes les dispositions des lois et décrets antérieurs à la présente loi, relatifs au recrutement de l'armée, sont et demeurent abrogées.

1850 et de l'article 18 de la loi du 10 avril 1867 se trouve reproduit plus haut dans les notes des pages 26 et 27.

Délibéré en séances publiques, à Versailles, les 23 avril, 22 juin et 27 juillet 1872.

Le Président,

JULES GRÉVY.

Les Secrétaires,

Vte DE MEAUX, FRANCISQUE RIVE, Mis COSTA DE BEAUREGARD, PAUL DE RÉMUSAT.

Le Président de la République,

A. THIERS.

Le Ministre de la guerre,

Gal E. DE CISSEY.

TABLE ALPHABÉTIQUE

DES MATIÈRES COMPRISES

DANS LA LOI

SUR LE RECRUTEMENT DE L'ARMÉE

5..

PARIS. — IMPRIMERIE DE J. DUMAINE, RUE CHRISTINE, 2.

CIRCULAIRE MINISTÉRIELLE

relative aux examens pour le volontariat d'un an.

Paris, le 3 novembre 1872.

MESSIEURS, j'ai l'honneur de vous adresser ci-joint ampliation du décret du 31 octobre 1872, portant règlement d'administration publique, rendu en exécution de l'article 54 de la loi du 27 juillet 1872 sur le recrutement de l'armée, et concernant les examens auxquels sont astreints les jeunes gens qui demandent à contracter un engagement conditionnel d'un an, et qui ne se trouvent pas dans l'un des cas prévus par l'article 53 de ladite loi.

Les jeunes gens de cette catégorie devront adresser, avant le 5 décembre, une demande, sur papier timbré, au préfet du département où ils veulent subir leur examen.

A l'appui de cette demande, qui indiquera le lieu de leur domicile et leur profession, et qui sera écrite et signée par eux-mêmes, ils produiront :

1° Leur acte de naissance (les jeunes gens

doivent avoir au moins dix-huit ans accomplis et n'avoir pas tiré au sort) ;

2° Un certificat d'aptitude au service militaire, délivré par le commandant du dépôt de recrutement;

3° Le consentement de leurs père, mère ou tuteur; ce dernier devra être dûment autorisé par une délibération du conseil de famille.

Les commandants des dépôts de recrutement prendront note des jeunes gens appartenant, par leur âge, à la classe de 1872, auxquels ils refuseront un certificat d'aptitude.

Pour les militaires présents au corps qui, par suite des dispositions du troisième alinéa de l'article 75 de la loi précitée du 27 juillet 1872, peuvent être admis au volontariat d'un an, leur demande, sur papier libre, devra être transmise par les conseils d'administration au préfet du département où ils sont en garnison. Ils n'auront à y joindre qu'un état signalétique et de services.

Les candidats auront soin d'indiquer dans leur demande la série où ils désirent être classés (agriculture, industrie ou commerce).

Des instructions ultérieures feront connaître l'époque à laquelle commenceront les examens, ainsi que la quotité du versement que devront opérer les engagés conditionnels d'un an.

Quant aux jeunes gens auxquels est applicable l'article 53 de la loi, comme ils doivent être mis en route en même temps que ceux qui sont mentionnés à l'article 54, les formalités qu'ils auront à remplir seront indiquées en temps utile.

La plus grande publicité sera donnée par les préfets aux dispositions du décret et de la présente circulaire.

Elles devront, en outre, être mises à l'ordre du jour dans les corps.

Recevez, Messieurs, l'assurance de ma considération la plus distinguée.

Le Ministre de la guerre,

Gal E. DE CISSEY.

DÉCRET

concernant les examens professionnels auxquels sont astreints les jeunes gens qui demandent à contracter un engagement conditionnel d'un an, en vertu de l'article 54 de la loi du 27 juillet 1872.

Le Président de la République française,

Vu la loi du 27 juillet 1872 sur le recrutement de l'armée ;

Vu l'article 54 relatif aux examens auxquels sont astreints les jeunes gens qui demandent à contracter un engagement conditionnel d'un an et qui ne se trouvent point dans l'un des cas définis à l'article 53 ;

Sur le rapport du Ministre de la guerre,

Le Conseil d'Etat entendu,

Décrète :

Article 1er.

Les jeunes gens qui demandent à contracter un engagement conditionnel d'un an, en vertu de l'article 54 de la loi du 27 juillet 1872, subissent deux épreuves successives devant les examinateurs nommés par le Ministre de la guerre et choisis parmi des agriculteurs, industriels et commerçants ou des citoyens ayant exercé l'une de ces professions.

Art. 2.

La première épreuve consiste en une dictée écrite, en français.

Art. 3.

La seconde épreuve est un examen oral public.

Les candidats sont rangés à l'avance en trois séries correspondant respectivement à l'agriculture, au commerce, à l'industrie. Chacune de ces séries passe devant un examinateur différent.

Cet examen se compose de deux parties :

La première roule sur les matières composant l'enseignement que le candidat a dû recevoir à l'école primaire.

La seconde partie porte spécialement sur les notions élémentaires et pratiques relatives à l'exercice même de la profession du candidat, suivant les indications du programme ci-annexé.

Art. 4.

Après l'achèvement des examens oraux, les

examinateurs des trois séries se réunissent sous la présidence du général commandant le département ou d'un officier supérieur délégué par lui, auquel est adjoint un membre du conseil général désigné par ce conseil, ou, à son défaut, par la commission permanente, et constituent ainsi une commission qui arrête la liste générale des candidats admissibles.

Art. 5.

Le Ministre de la guerre est chargé de l'exécution du présent décret, qui sera publié au *Journal officiel* et inséré au *Bulletin des lois*.

Fait à Versailles, le 31 octobre 1872.

A. THIERS.

Par le Président de la République :

Le Ministre de la guerre,

Gal E. DE CISSEY.

PROGRAMME

des examens professionnels auxquels sont astreints les jeunes gens qui demandent à contracter un engagement conditionnel d'un an, en vertu de l'article 54 de la loi du 27 juillet 1872.

(Annexe du décret du 31 octobre 1872.)

Chaque candidat sera interrogé sommairement, selon sa profession et sa spécialité, d'après les indications générales qui suivent :

AGRICULTURE.

Natures diverses des terrains au point de vue de la culture. — Engrais et amendements. — Climats, saisons; leurs rapports avec la culture. — Moyens d'utiliser les eaux ou de s'en préserver. — Instruments et machines agricoles. — Méthodes et procédés de culture. — Conservation des récoltes. — Bestiaux et animaux domestiques. — Comptabilité agricole. — Débouchés des principaux produits agricoles de la région.

COMMERCE.

Marchandises qui font l'objet de la spécialité

du candidat ; leur provenance, leur emploi et leur prix de revient.

Comptabilité et tenue des livres. — Dénomination des livres de commerce. — Principales opérations de commerce ou de banque. — Formules usuelles du billet à ordre, de la lettre de change, du mandat, du chèque, etc. — Signification des principaux termes de commerce ou de banque.

INDUSTRIE.

Caractères et propriétés des matières premières ou matériaux. — Leur extraction, leur préparation, leur transformation ou leur emploi. — Moteurs, machines, instruments et outils dont le candidat fait habituellement usage. — Procédés au moyen desquels il obtient les produits de son industrie spéciale. — Nature de ces produits.

TABLE GÉNÉRALE
DES MATIÈRES
DU CODE-MANUEL DU RECRUTEMENT

Procédé pour exécuter géométriquement un relief quelconque avec une seule épreuve de la carte de France à 1/80000.

On prend une épreuve de la carte de France à 1/80000, et à l'aide du tableau pour la construction des courbes de niveau, placé page 28 (1), on opère de la manière suivante :

1° Sur le fragment d'épreuve que l'on a choisi, on place un morceau de papier calque, que l'on fixe aux quatre angles avec de la colle à bouche.

2° On fait la soustraction entre la cote de la hauteur et la cote placée dans la vallée, on regarde au tableau de la construction des courbes le nombre de courbes qui passent entre ces deux points, et l'on marque le nombre de ces courbes par des amorces. On resserre ces amorces sur les pentes rapides, on les écarte sur les parties douces.

3° Une fois que l'on a déterminé le nombre d'amorces (ou tous les points de passage des courbes placés entre les cotes des hauteurs et les cotes des vallées), on relie ces amorces les unes avec les autres en se guidant, autant qu'il est possible de le faire, sur les points d'intersection formés par les hachures les unes avec les autres; on obtient de la sorte une construction de courbes.

4° On prend du papier qui a 1/4 de millimètre d'épaisseur (qui vous donne la hauteur verticale de 20 mètres : — la carte de France à 1/80000 étant de 1 mètre pour 80 mille mètres ou 1 millimètre pour 80 mètres, 1/4 de millimètre donne 20 mètres), on décalque sur son papier chaque courbe à côté les unes des autres 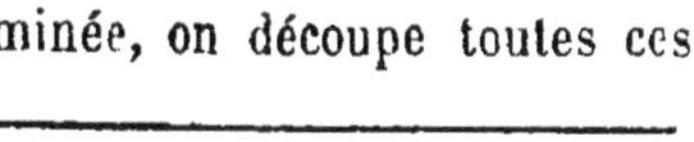 ,

une fois cette opération terminée, on découpe toutes ces

---

(1) La *Topographie mise à la portée de tous*, brochure in-8 avec carte, est en vente à la Librairie militaire de J. Dumaine, 30, rue et passage Dauphine, au prix de 1 franc.

courbes qui forment comme des tranches de terrain que l'on superpose les unes sur les autres, en ayant soin de piquer sur chacune les trois mêmes points, pour repérer bien exactement.

5° On prend le calque des courbes, on le retourne, et on le place par derrière l'épreuve (sur le calque et sur l'épreuve il doit y avoir les trois mêmes points piqués dans l'épreuve pour bien repérer).

6° On décalque derrière l'épreuve, avec une pointe à tracer, chaque courbe.

De cette façon, l'épreuve a, par derrière, la construction des courbes correspondant mathématiquement avec les hachures qui sont de l'autre côté.

Une fois cette opération terminée, on découpe avec des ciseaux chacun des petits anneaux que l'on porte, les uns après les autres, sur le relief déjà fait en escalier, en ayant soin de partir de la base, et en montant *gradin* par *gradin* jusqu'au sommet.

L'opération est terminée, le relief est exécuté, géométriquement, en courbes et hachures, avec une seule épreuve de la carte de France, et se trouve comme longueur et hauteur mathématiquement à l'échelle.

J'ai pensé qu'au moment où tout le monde parle de construire des reliefs dont on augmente les hauteurs dans des proportions impossibles, il était utile de donner les moyens aux écoles communales et primaires de faire construire, par les élèves eux-mêmes, et sans frais aucuns, le relief exprimant géométriquement le terrain sur une étendue de 10 à 13 kilomètres environnant l'Ecole.

Le professeur et les enfants apprendraient ainsi par eux-mêmes la Topographie.

MANUEL D'INFANTERIE,

Par M. Victor PARRON,
Capitaine adjudant-major.

1 fort vol. gr. in-18 de 800 pages, avec planches. 6 fr. 50.

NOTIONS ÉLÉMENTAIRES ET PRATIQUES

D'HYGIÈNE MILITAIRE

Par E. THOMAS,
Médecin aide-major au 1er bataillon de Chasseurs à pied.

1 volume in-12. 2 fr. 50.

RÈGLEMENT

sur le

SERVICE DES ARMÉES EN CAMPAGNE

Annoté d'après les meilleurs auteurs qui ont écrit sur l'art militaire,

Par Charles de SAVOYE,
Capitaine au régiment des grenadiers de Belgique,
Chevalier de la Légion d'honneur.

1 vol. in-8°. 6 fr.

COURS D'ART ET D'HISTOIRE MILITAIRES,

Par J. VIAL,
Capitaine d'état-major, Professeur d'art et d'histoire militaires
à l'École impériale d'application d'état-major.

2 vol. in-8° et un Appendice. 18 francs.

MANUEL DES ORDINAIRES DE LA TROUPE.

14 DÉCEMBRE 1861.

Brochure in-8°. 60 centimes.

COURS de LÉGISLATION et D'ADMINISTRATION MILITAIRES,

D'après le programme des matières professées à l'École impériale spéciale militaire;

Par ÉTIENNE RICHARD,

Capitaine au 88e de ligne, ancien Professeur adjoint à l'École de St-Cyr

2 vol. in-8°. 16 francs.

JOURNAL DE LA CAMPAGNE DE CHINE

1859-1860-1861;

Par CHARLES DE MUTRECY,

Précédé d'une préface de M. Jules NORIAC.

2e édition. 2 vol. in-8°. 12 fr.

RECUEIL DES DISPOSITIONS

relatives aux

HONNEURS & PRÉSÉANCES MILITAIRES

Qui ont modifié le décret impérial du 24 messidor an 12, sur les Cérémonies publiques, Préséances, Honneurs civils et militaires;

PAR A. GARREL.

1 vol. in-18. 4e édition. 1 franc.

RECUEIL DES DISPOSITIONS

DES LOIS, DÉCRETS, ORDONNANCES, INSTRUCTIONS, DÉCISIONS MINISTÉRIELLES ET CIRCULAIRES

SUR L'ÉTAT CIVIL,

Applicables aux militaires de toutes armes à l'intérieur et aux armées,

Naissances, Mariages, Décès, Disparitions, Testaments, Successions, Appositions de scellés, Changement de noms, Titres nobiliaires;

Par A. GARREL.

In-18. 3e édition. 1 franc.

CODE-MANUEL

DU

RECRUTEMENT DE L'ARMÉE

A L'USAGE

DES FONCTIONNAIRES MUNICIPAUX

ET DES CHEFS DE FAMILLE

Loi du 27 Juillet 1872

TEXTE OFFICIEL ANNOTÉ

PARIS

LIBRAIRIE MILITAIRE DE J. DUMAINE

LIBRAIRE-ÉDITEUR

Rue et Passage Dauphine, 30

—

1872

www.ingramcontent.com/pod-product-compliance
Ingram Content Group UK Ltd.
Pitfield, Milton Keynes, MK11 3LW, UK
UKHW021553260726
13993UKWH00002B/816